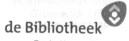

MARIAN HOEFNAGEL

DOE NORMAAL!

Lezen voor Iedereen / Uitgeverij Eenvoudig Communiceren

Lezen voor Iedereen / Uitgeverij Eenvoudig Communiceren
www.lezenvooriedereen.be
www.eenvoudigcommuniceren.nl

Bij *Doe normaal!* is een docentenhandleiding verkrijgbaar. Deze kunt u
downloaden van www.eenvoudigcommuniceren.nl en www.lezenvooriedereen.be.

Kijk voor informatie over het thema van *Doe normaal!* op www.pestweb.nl
of www.kieskleurtegenpesten.be.

Tekst: Marian Hoefnagel
Redactie en opmaak: Eenvoudig Communiceren
Illustraties: Roelof van der Schans
Druk: Easy-to-Read Publications

ISBN 978 90 8696 118 4
NUR 286

Dit boek heeft het keurmerk Makkelijk Lezen.

Weer naar school

Kim en Pieter lopen het schoolplein op.
Het is de eerste schooldag na de zomervakantie.
'Ik ben benieuwd wie onze mentor* is', zegt Pieter.
Kim knikt. 'Ik hoop een man', zegt ze.
Pieter kijkt verbaasd. 'Waarom? Wat heb je tegen
vrouwen?'
Kim grinnikt. 'Niks', zegt ze.
'Maar mannen bedenken leukere schoolreisjes.'
Pieter haalt zijn schouders op.
'Dat geloof ik niet', zegt hij.
'Dat heeft niks met mannen of vrouwen te maken.'
'Je zult het zien', zegt Kim.

In de aula zitten al een heleboel leerlingen.
Pieter en Kim gaan bij hun klas zitten.
Het is voor een groot deel dezelfde klas als vorig
jaar. Het was een leuke klas, vorig jaar.
Dat vond iedereen. De leerlingen en de leraren.

De directeur stapt het toneel op.
'Goedemorgen allemaal', zegt hij.

* *In België heet een mentor 'klastitularis'.*

Hij vertelt een paar dingen over de school.
Dat er vier leraren zijn weggegaan.
En dat er vier nieuwe zijn gekomen.
Dat er een fout in het schoolboekje staat.
Kim valt bijna in slaap.

'Dit is Wout van Duin', zegt de directeur dan.
'Hij wordt de mentor van 3A.'
'Hé, dat zijn wij.' Pieter stoot Kim aan.
'Kom op, we moeten naar het biologielokaal.'
Kim loopt met de andere leerlingen van 3A mee.
Achter Wout van Duin aan.
'Je hebt je zin', zegt Pieter.
'We hebben een man als mentor. Dat wou je
toch?'

Kim kijkt naar de nieuwe leraar.
Hij is een beetje dik en loopt onhandig voor hen
uit.
'Daar is toch het biologielokaal?', vraagt hij.
Hij wijst.
'Nee, daar', zegt Joost. Hij wijst de andere kant
op.
Flauw van Joost, denkt Kim.

Wout van Duin kijkt verbaasd om zich heen.
Dan kijkt hij naar de groep leerlingen.
Zijn ogen staan vragend achter zijn dikke
brillenglazen.
'Ik weet nog niet zo goed de weg hier', zegt hij
verlegen.
'Het was een grapje van Joost', zegt Kim gauw.

De nieuwe mentor

In het biologielokaal gaat Wout van Duin op het
bureau zitten.
'Jullie mogen me Wout noemen', zegt hij.
'Of meneer Van Duin, als je dat prettiger vindt.
Ik noem jullie vandaag allemaal bij je voornaam.
Maar als je liever wilt dat ik meneer of mevrouw
tegen je zeg, kan dat ook.
Dat moet je me dan even laten weten.'
De klas lacht. Wat een gek idee.
De leerlingen noemen hun leraar bij zijn
voornaam. En de leraar noemt zijn leerlingen
meneer of mevrouw.

'Ik ga jullie iets over mezelf vertellen', zegt hij.
'En dat is geen vrolijk verhaal. Ik vertel het ook
niet aan alle leerlingen.
Maar jullie zijn mijn klas. Ik vind dat jullie
moeten weten wie ik ben.'
Wout vertelt dat dit zijn eerste schooldag is.
En dat hij best zenuwachtig is.
'Ik ben vijf jaar geleden begonnen met lesgeven',
zegt hij.

'Op een school in een grote stad.
Er zaten moeilijke leerlingen op die school,
dat wist ik.
Maar ik dacht: ik doe gewoon heel erg mijn best.
Dan lukt het vast wel.'
Hij zet zijn bril even af.

'Met de meeste leerlingen lukte het ook wel',
gaat hij verder.
'Maar met een paar niet. Die begonnen te plagen.
Ze noemden me groentje. Daar moest ik wel om
lachen.
Het was natuurlijk waar, ik was een groentje:
iemand die van niks weet.
Toen legden ze een nepdrol op mijn stoel.
Daar moest ik ook nog om lachen.
Maar de keer daarna was het een echte drol.
Dat was geen grapje meer.
En daarna sneden ze de banden van mijn auto
stuk.
En ze belden me op, midden in de nacht.
Dan riepen ze akelige dingen door de telefoon.
Op een dag gooiden ze mijn witte muizen in het
aquarium.

Die had ik mee naar school genomen om er les
over te geven.
Ik ben huilend naar huis gegaan.'

Wout zet zijn bril weer op en kijkt de klas rond.
Alle leerlingen zitten heel stil te luisteren.
'Ik was overspannen', zegt hij. 'Ik kon niet meer
slapen.
Het duurde erg lang voordat ik weer beter was.
En toen ik eenmaal weer beter was, durfde ik
niet meer terug naar die school.
Maar ik wilde wel graag lesgeven.
Daar heb ik voor geleerd en dat vind ik leuk om
te doen.
Een vriend van me werkt hier, op deze school.
Hij zei: "Kom bij ons.
Ik zal aan de directeur vragen of jij de aardigste
klas als mentorklas krijgt."'

Wout stopt even. 'En dat zijn jullie dus', zegt hij
dan.
'Ik hoop maar dat mijn vriend gelijk heeft.
Want het is erg spannend voor me.'

Een aardige klas

Ze zitten buiten, op het schoolplein.
'Wat vinden jullie van Wout?', vraagt Jamilla.
'Ik vind hem erg aardig', zegt Kim.
'Ik vind het moedig om zo veel over jezelf te
vertellen.'
'Leraren doen dat toch nooit?', zegt Joost. 'Ik vind
het maar raar.'
Pieter schudt zijn hoofd. 'Nee', zegt hij. 'Het is
niet raar, maar wel anders.'
De anderen knikken. Ja, dat is het: anders.

Ze praten verder over hun opdracht.
Wout houdt niet van pesten. Dat kunnen ze goed
begrijpen.
Nu moeten ze met elkaar iets bedenken tegen
pesten. Hoe kun je ervoor zorgen dat er niet
gepest wordt?
'Ga er met elkaar over praten', heeft Wout
gezegd. 'Vertel aan elkaar wat jij pesten vindt.
En wat gewoon plagen is.'

'Ik vind het maar lastig', zegt Jamilla.

'Ik draag een hoofddoek. Jongens roepen vaak
doekje tegen me.
Dat vind ik vervelend. Maar is dat pesten?'
'Als jij het erg vindt, is het pesten', zegt Pieter.
'Ja, ik vind dat pesten', zegt Jamilla.
'Maar de jongens die doekje roepen, vinden het
geen pesten. Die maken een geintje. Het is voor
iedereen anders.'
'Nee, niet altijd', zegt Joost. 'Witte muizen
verdrinken is geen geintje.'
Ja, daar heeft Joost gelijk in.

'We maken een contract', zegt Joost dan.
Hè? Ze kijken Joost verbaasd aan.
Joost legt het uit.
'In het contract staat dat wij elkaar niet pesten.
We pesten ook geen leraren. En de leraren pesten
ons niet.
Onder dat contract zetten we allemaal onze
handtekening.'
Iedereen knikt. Ja, dat lijkt een goed plan.
'Maar dan moeten we van elkaar weten wat we
pesten vinden', zegt Pieter.
'Moet dat ook in het contract staan?

Zo van: tegen Jamilla mag je geen doekje
zeggen?'
Ze moeten allemaal lachen.
'We vragen het aan Wout', zegt Kim. 'Die weet
veel over pesten.'
En weer moet iedereen lachen.

Wout staat voor het raam van het biologielokaal.
Hij kijkt naar zijn klas, buiten op het schoolplein.
Het is echt een aardige klas, denkt hij. Gelukkig.

Geen pontje

Pieter en Kim lopen naar hun fietsen.
Ze fietsen altijd samen. Ze wonen nogal ver van
school.
Zeker drie kwartier fietsen.

'Ik hoop maar dat we niet zo lang op het pontje
hoeven te wachten', zegt Kim.
'Anders mis ik *Days of our lives.*'
Pieter moet lachen. 'Die stomme soap', zegt hij.
'Er klopt niets van. In de ene aflevering gaat
iemand dood.
En in de volgende aflevering loopt hij weer
vrolijk rond.'
'Ha', zegt Kim. 'Dus jij kijkt ook. Anders zou je
dat niet weten.'
Pieter kijkt verlegen. 'Ik heb het toevallig twee
keer gezien', mompelt hij.
'Ja, dat zal wel. Nou, toevallig weet ik hoe
verslavend soaps zijn.
Als je eenmaal begint, kun je niet meer
ophouden met kijken.
Zelfs mijn moeder kijkt.'

Als Pieter en Kim bij het kanaal komen, zien ze
het pontje niet.
'Wat is dat nou', moppert Kim.
'Vanmorgen ging hij toch gewoon?'
'Misschien is hij stuk', zegt Pieter.
'Dan moeten we naar de volgende brug fietsen.'
'Dag *Days of our lives*', zegt Kim.

Er komen nog meer fietsers aan. Die willen ook
allemaal met het pontje mee.
Iedereen is teleurgesteld dat het pontje er niet is.
Ze kijken naar links en naar rechts. Ze turen in
de verte.
'Nee, geen *Heen en Weer*', zucht Kim.

Kim had erg moeten lachen toen ze het pontje
voor het eerst zag.
Dat was een paar weken geleden.
De brug was afgesloten, want die werd
gerepareerd.
Het zou een halfjaar duren, stond op een groot
geel bord.
De auto's moesten gewoon verder rijden, naar de
volgende brug.

Maar voor de fietsers was er een pontje. Met een leuke naam. *Heen en Weer* stond er op het bootje.

'Ik krijg het heen en weer van dat stomme bootje', zegt een man.
'Dan gaat hij weer wel, dan weer niet.'
'Als wij over moeten, is hij er altijd', zegt Pieter verbaasd.
'Dan gaan jullie zeker in het spitsuur', zegt de man.
'Ze hebben dat bootje gehuurd voor de scholieren. Voor en na schooltijd vaart hij wel. Maar tussendoor ...'
De man schudt zijn hoofd en fietst weg. Naar de volgende brug.

Wachten

'Daar komt-ie!', roept een meisje. Ze wijst in de
verte.
Kim tuurt, maar ze ziet niet veel.
'Zie jij wat?', vraagt ze aan Pieter. Die knikt.
'Ik kan niet lezen wat erop staat. Maar het is wel
zo'n pontje. Kun jij het niet zien?'
Kim schudt haar hoofd.
'Ik heb net zulke slechte ogen als Wout', zegt ze.
Pieter kijkt haar aan. 'Jouw ogen zijn veel mooier
dan die van Wout', zegt hij.
'Wat een lange wimpers heb je! Dat is me nog
nooit opgevallen.'
'Ik vind het maar lastig; ze zitten steeds klem.'
Kim knippert met haar ogen.
Haar wimpers komen tegen het glas van haar
bril aan.
Pieter schiet in de lach.

'Het is niet bepaald een raceboot, die *Heen en
Weer*', zegt Pieter.
'Het duurt nog wel even voordat hij hier is.
We kunnen beter gaan zitten.'

Ze gaan naast elkaar in het gras zitten.

Het is heerlijk weer.

Het is niet erg om zo te wachten.

'Wat ga jij opschrijven?', vraagt Pieter.

Kim begrijpt meteen wat hij bedoelt.

Ze moeten iets over pesten opschrijven van Wout.

'Mensen worden gepest omdat ze een zwakke
plek hebben', had Wout gezegd.

Hij had ook een voorbeeld gegeven.

'Mijn zwakke plek is mijn lijf. Ik ben dik, ik ben
onhandig en ik heb slechte ogen.

Daar kunnen ze me mee pesten. Ga maar
bedenken wat jullie zwakke plekken zijn.'

'Ik ben ook dik en onhandig. En ik heb ook
slechte ogen', zegt Kim.

'Nou ja!' Pieter kijkt haar verontwaardigd aan.

'Helemaal niet waar.'

'Jawel', zegt Kim. 'Ik draag nooit korte truitjes,
nooit korte rokjes; waarom denk je dat dat is?'

Pieter kijkt naar Kim. Ze is niet superslank,
maar dik ... Wat een onzin.

'Met gym kan ik nooit wat. Iedereen lacht me
altijd uit', gaat Kim verder.

Pieter knikt. Dat is wel een beetje waar.
'Maar je zwemt heel goed', zegt hij.
'Ja, nu komen we op die slechte ogen', zegt Kim.
'Ik vind het heerlijk om te zwemmen. Maar dat
kan niet met een bril.
En met lenzen kan het ook niet. Want als ik
onder water ga, zwemmen ze weg.
Zonder bril zie ik bijna niks. In een zwembad
ben ik altijd iedereen kwijt.'

'Ik dacht dat je zou opschrijven: ik ben
geadopteerd', zegt Pieter.
Kim kijkt hem verbaasd aan. 'Dat is mijn zwakke
plek niet', zegt ze.
'Het lijkt mij zo'n raar gevoel als je je eigen vader
en moeder niet kent', zegt hij.
Kim denkt even na. Dan schudt ze haar hoofd.
'Ik heb er geen last van', zegt ze dan.
'En als iemand adoptiekind tegen je zou zeggen?'
'Kan me niks schelen', antwoordt ze lachend.
Dan springt ze op. 'De *Heen en Weer* is er!',
roept ze.

Pieters zwakke plek

Het wordt dringen op de *Heen en Weer*.
Pieter en Kim kunnen nog net mee, als laatsten.
'We waren verdorie de eersten hier', moppert Kim.
De jongen die de boot bestuurt lacht naar haar.
'Waarom ben je zo ver weg gevaren?', vraagt Kim
aan hem.
'Er was een hond van een grote zandboot
afgevallen', antwoordt hij.
'De schipper had niets in de gaten. Ik heb de
hond uit het water gehaald. Er stonden geen
fietsers te wachten. Dus ik dacht: ik vaar die
zandboot achterna. Maar dat viel niet mee.
Drie bruggen verder moest de zandboot wachten.
Anders had ik hem nooit ingehaald.'
'Ach', zegt Kim. 'Ze zullen wel blij geweest zijn.'
De jongen knikt. 'Vooral de hond was blij', zegt hij.
Dan zijn ze aan de overkant.

'Wat ga jij opschrijven?', vraagt Kim als ze verder
fietsen.
Pieter kijkt in de verte. Zal hij het tegen Kim
zeggen of niet?

'Ik weet het nog niet', zegt hij aarzelend.
'Heb je wel een idee?'
Pieter knikt. 'Ja, dat wel. Maar, eh ... het is nogal moeilijk.
Ik wil wel zeggen wat mijn zwakke plek is,
maar eh .... Ik ben bang dat ze me dan juist gaan pesten. Als ze dat weten.'
'Hè?' Kim begrijpt er niets van.
Pieter zucht. 'Goed, ik zal het jou vertellen.
Ik vind het vervelend als ze me homo noemen.'
'O', zegt Kim. Ze denkt even na.

Ja, soms zegt iemand wel eens homo tegen Pieter, of mietje.
Toen hij zijn haar blond had geverfd.
Toen hij die mooie leren broek had gekocht.
'Maar dat meent toch niemand?', zegt Kim dan.
'Dat zijn toch gewoon grapjes.'
'Ja, dat is het nu juist.'
Weer begrijpt Kim er niets van.
'Wat bedoel je?', vraagt ze.
Pieter zucht. Hij kijkt Kim aan.
'Ze hebben gelijk', zegt hij dan. 'Ik word niet verliefd op meisjes. Ik val op jongens.'

Kim valt haast van haar fiets van schrik.
'Dat meen je niet', zegt ze.
'Jawel', zegt Pieter. 'Ik meen het wel.'

Arme Kim

Kim zit met een kopje thee voor de televisie.
Days of our lives staat aan.
Ze kijkt er wel naar, maar ze ziet er niets van.
Ze denkt aan Pieter en aan wat hij tegen haar
heeft gezegd.
'Nou zeg', zegt haar moeder. 'Die Marlena doet
wel heel vreemd.'
'Wat?' Kim schrikt op.
Haar moeder wijst naar de televisie.
Een mooie blonde vrouw zweeft zeker een meter
boven haar bed.
Kim schiet in de lach. 'Wat doet Marlena vreemd',
zegt ze.
'Ja, dat zei ik ook net', zegt Kims moeder.
'Je zit met je gedachten niet echt bij *Days of our
lives*.'
'Nee', zegt Kim met een zucht.

Haar huiswerk gaat ook niet goed.
Steeds dwalen Kims gedachten af naar Pieter.
Stom dat ze daar nou nooit aan gedacht heeft.
Al twee jaar lang fietsen ze samen naar school.

Vaak maken ze samen huiswerk en overhoren ze
elkaar.
Ze gaan ook wel eens naar de film, of samen
naar een dancefeest.
Op school denken ze vaak dat Pieter en Kim
verliefd zijn.
Pieter moet er altijd om lachen.
'Kim is heel speciaal', zegt hij alleen.

Nu begrijpt ze dat wel.
Ze heeft altijd gedacht dat Pieter verlegen was.
Dat hij niet durfde te vragen of Kim zijn vriendin
wilde zijn.
Maar hij is natuurlijk nooit verliefd op haar
geweest.
Ze was gewoon een vriendin.
Een fietsvriendin. Een huiswerkvriendin.
Een dansvriendin.
Maar niet zíjn vriendin.

Kim zucht diep.
Dat heb ik weer, denkt ze.
Ben ik eens verliefd, is-ie homo. Arme Kim.
Arme ik.

Ze gaat op haar bed liggen.
Ze wil ook boven haar bed zweven, net als
Marlena.
Maar het lukt niet.
Arme ik, denkt ze weer. Arme, zielige ik.

Arme Pieter

'Hé, slaapkop.' Kims moeder steekt haar hoofd
om de deur.
Kim schrikt wakker.
'We gaan zo eten', zegt haar moeder.
Kim gaat rechtop zitten.
'Ik was in slaap gevallen', zegt ze verbaasd.
'Gelukkig zweefde je niet boven je bed',
zegt Kims moeder lachend.

Kim heeft niet veel trek in eten.
'Wat is er met jou aan de hand?', vraagt haar
vader.
'Je bent altijd gek op spaghetti. Ben je verliefd of
zo?'
Kin steekt haar tong tegen hem uit.
'Ik word altijd verliefd op de verkeerde mannen',
zegt ze met een zucht.
Ze moeten allemaal lachen.
'Je praat als een vrouw van dertig', zegt haar vader.
'Niet als een meisje van vijftien.'

'En toch is het zo', zegt Kim.

'Vroeger wilde ik met jou trouwen. Nou, dat was toch verkeerd, of niet?
Toen werd ik verliefd op de meester van groep zes.
Dat is ook niet goed afgelopen. En nu ...'
Ze kijken allemaal vol verwachting naar Kim.
Kim haalt diep adem. 'De jongen op wie ik verliefd ben, is homo.'
Kims ouders kijken elkaar verbaasd aan.
Kims zusje verslikt zich in de spaghetti.

'Pieter?', vraagt haar moeder zachtjes.
Kim knikt.
'Ik dacht het al', zegt Kims moeder dan.
'Wat? Dat ik verliefd op hem ben of dat hij homo is?'
'Allebei', zegt ze. 'Arme Pieter.'
'Hoezo, arme Pieter', zegt Kim nijdig. 'Arme Kim, zul je bedoelen.'
Maar Kims moeder schudt haar hoofd.
'Jij wordt wel weer verliefd op iemand anders', zegt ze.
'Maar Pieter krijgt het moeilijk.
Het valt niet mee voor een jongen om dat te zeggen.

Zijn ouders zullen het misschien niet leuk
vinden.
Andere jongens zullen hem ermee pesten.
Meisjes zullen teleurgesteld zijn.
Dat is allemaal niet makkelijk voor hem.
Hij heeft er niet om gevraagd, Kim. Het gebeurt
gewoon. En hij zal ermee moeten leren leven.'

'Oké. Arme Kim én arme Pieter, dan', zegt Kim.

Boos

De volgende ochtend wacht Kim niet op Pieter.
Ze fietst meteen door naar het pontje.
Maar ze heeft pech; het pontje is net aan de
andere kant.
Ze moet wachten tot de *Heen en Weer* terug is.
'Ha', zegt ze tegen de bestuurder van het pontje.
'Heb je nog honden gered?'
De jongen lacht en schudt zijn hoofd. 'Ik kom jou
redden', zegt hij.
'Hoezo?', vraagt Kim.
'Als ik niet vaar, kom je te laat op school.'
Ja, dat is zo. Kim rijdt haar fiets het pontje op.

De jongen wil net wegvaren, als Pieter aan komt
fietsen.
'Wacht!', roept Pieter. 'Ik wil ook nog mee.'
Hijgend komt hij even later het pontje op.
'Waarom heb je niet op me gewacht?', zegt hij
tegen Kim. 'Dat doe je toch altijd?'
Kim haalt haar schouders op. 'Zomaar.'
Pieter kijkt haar verbaasd aan, maar hij zegt
niets.

'Prettige dag op school', zegt de jongen van de
Heen en Weer.
'Jij ook', zegt Kim en ze stapt van het pontje af.
Samen met Pieter fietst ze verder.

'Wat is er aan de hand?', vraagt Pieter. 'Ben ik je
vriend niet meer?'
'Jawel', antwoordt Kim. 'Maar een ander soort
vriend.'
'Doe niet zo lullig', zegt Pieter kwaad. 'Er is niets
veranderd.'
Kim voelt de tranen achter haar ogen zitten.
'Dat denk jij', zegt ze. 'Voor mij is alles veranderd.'
'Stop', zegt Pieter. Hij pakt het stuur van Kims
fiets.
Kim maakt een rare beweging met haar fiets.
Bijna valt ze.
'Lul', zegt ze nijdig.
'Sorry', zegt Pieter. 'Ik wilde je niet laten vallen.
Maar we moeten wel praten. Dit is te gek, Kim.
Wat heb ik gedaan?'
'Ik wil helemaal niet met je praten!', schreeuwt
Kim.
'Laat me los. Ik wil op tijd op school komen.'

Maar Pieter laat niet los.
'We moeten praten', zegt hij nog eens. 'Dat is
belangrijker dan op tijd komen.'

Kim zucht.
Was Pieter maar kwaad geworden. Dan had ze
lekker tekeer kunnen gaan.
Maar Pieter is juist heel kalm.
'We gaan een kop koffie drinken', zegt hij.

Spijbelen

Ze zitten aan het raam van het koffiehuis aan het kanaal.
Ze kunnen de *Heen en Weer* zien varen.
Pieter heeft cappuccino besteld. Het is erg lekker.
'En nu vertel je wat er is', zegt Pieter.
Kim kijkt uit het raam. Ze wil Pieter niet aankijken.
Het was natuurlijk niet aardig van haar.
Elke ochtend wachten ze op elkaar bij het park.
En nu, voor het eerst in twee jaar, is zij doorgefietst.

'Is het om wat ik je verteld heb?', vraagt Pieter.
Kim knikt.
'Dat had ik van jou niet verwacht', zegt hij verdrietig.
Kim heeft ineens medelijden met hem.
'Je begrijpt het verkeerd', zegt ze.
'Het kan me nooit wat schelen of iemand homo is of niet.
Maar van jou kan het me wel schelen. Ik, eh ...'
Ze kijkt diep in haar lege koffiekopje.

'Ik had gehoopt dat je ook verliefd op mij was', zegt ze zachtjes.

Pieter kijkt opgelucht. 'O, gelukkig', zegt hij.
'Nou zeg', zegt Kim verontwaardigd.
Pieter pakt haar hand. 'Sorry', zegt hij.
'Als ik op meisjes zou vallen, Kim, echt, dan zou jij het zijn.
Ik vind je het allerleukste meisje van de hele wereld.'
'Daar heb ik dus helemaal niks aan', zegt ze.
Maar ze moet toch lachen.

'Ik ben bang om het aan mensen te vertellen', zegt Pieter.
'Ik ben bang dat ze me ineens anders gaan bekijken.
Ik ben bang dat ze me niet aardig meer vinden.
Maar ik zal het toch eens moeten vertellen.
Aan mijn ouders. Aan mijn vrienden.'
'Weten je ouders het nog niet?', vraagt Kim verbaasd.
'Nee', zegt Pieter. 'Jij bent de eerste tegen wie ik het gezegd heb.'

Kim voelt zich een beetje trots. 'Goh', zegt ze.
'Daarom wilde ik met je praten, snap je?
Ik dacht: Kim is mijn beste vriendin.
Als ik het tegen haar niet kan zeggen, dan kan ik
het tegen niemand zeggen.'
Kim knikt. 'Sorry', zegt ze. 'Ik dacht alleen aan
mezelf. Maar voor jou is het veel moeilijker.
Dat begrijp ik wel.'
Pieter kijkt haar dankbaar aan.
'Ik vind het echt jammer, Kim', zegt hij. 'Ik was
graag verliefd op je geworden.'

'Moeten jullie niet naar school?', vraagt de baas
van het koffiehuis.
'Het is al negen uur.'
'Nee', zegt Kim. 'Wij spijbelen.'
Maar ze staan toch op om naar school te gaan.

Een goed contract

Wout kijkt verbaasd op als Kim en Pieter de klas inkomen.
Ze zijn erg laat; het tweede lesuur is al bijna afgelopen.
'Was het pontje stuk?', vraagt hij.
Pieter schudt zijn hoofd. 'We moesten praten', zegt hij.
'O', zegt Wout. En hij vraagt niet verder.
Dan gaat de bel.
'De volgende keer zijn Kim en Pieter aan de beurt!', roept Wout boven het lawaai uit.
'Dan moeten zij hun handtekening onder het contract zetten.'
Dan gaat de klas naar buiten.

In de pauze praten ze druk over het contract tegen pesten.
Joost heeft het gemaakt. Het was een heel kort contract.
Sommige leerlingen vonden het te kort. Die wilden dat er meer in kwam te staan.
Daar hebben ze met elkaar over gepraat.

Nu is het contract langer. En beter.
Iedereen die zijn handtekening onder het
contract zet, moet iets vertellen over pesten.
Jamilla vertelde dat ze het naar vindt als iemand
doekje tegen haar zegt.
Maar dat dat misschien geen pesten is.
Wout moest even nadenken.
Toen zei Joost: 'Lief doekje is natuurlijk niet zo
erg als stom doekje.'
De hele klas moest lachen.
Maar Wout was heel ernstig. 'Dat is heel goed,
Joost', zei hij. 'Dat is precies waar het om gaat.
Het gaat om de bedoeling achter de woorden.
Niet om de woorden zelf.'

'We moeten met het contract naar de andere
derde klassen', zegt Joost.
'Iedereen moet zijn handtekening zetten.
De leraren ook.'
'Laten we het eerst maar in onze eigen klas
doen', bromt Pieter.
'Ik denk dat dat al moeilijk genoeg is.'
Maar daar wil Joost niets van weten. 'Het is zo'n
goed idee', zegt hij.

'We moeten het aan de minister van Onderwijs vertellen.'

Iedereen lacht. Gekke Joost. Hij overdrijft altijd graag.

Dan gaat de bel weer; ze moeten naar binnen.

'Wat doe je?', vraagt Kim als ze naar de volgende les lopen.

'Wat bedoel je?', vraagt Pieter.

'Zeg je het de volgende keer tegen de klas?'

'Ik weet het nog niet', antwoordt Pieter. 'Als ik durf wel.'

'Ik zal je helpen', belooft Kim.

Les zonder leraar

Maar de volgende keer is Wout er niet.
'Hij is ziek', zegt de directeur.
'Wat heeft hij?', vraagt Joost.
'Dat hoeven jullie niet te weten', zegt de directeur.
'Wanneer komt hij weer?', vraagt Kim.
'Dat weet ik niet', zegt de directeur. En hij gaat
weg.

'Als hij maar niet weer overspannen is',
zegt Jamilla.
'Dat geloof ik niet', zegt Pieter. 'Hij wordt hier
toch niet gepest?'
'Misschien kreeg hij weer nare telefoontjes',
zegt Kim. 'Van de vorige school.
Misschien kan hij weer niet slapen.'
Pieter haalt zijn schouders op.
'Misschien heeft hij zijn been wel gebroken',
zegt hij.
'Kunnen we hem niet opbellen?', vraagt Joost.
Dat vindt iedereen een goed idee.
Joost heeft een mobieltje. Hij toetst het nummer
van Wout in.

'Ja, hallo. Met Wout van Duin.' Wout klinkt
verkouden.
'O, ik hoor het al', zegt Joost. 'Je bent verkouden.'
Wout schiet in de lach. Meteen moet hij hoesten.
'Ik ben allergisch voor pollen', zegt hij.
'Zoek maar op wat dat is. Daar leren jullie van.'
'Oké', zegt Joost. 'Dan wachten we met het
contract tot je weer beter bent.'
'Goed', zegt Wout. 'Ik zal hard mijn best doen
snel weer op school te zijn. Van al die vrije uren
worden jullie lui.'
'Helemaal niet!', roept Joost. 'We hebben grote
plannen voor het contract. Maar dat hoor je wel
als je terug bent. Beterschap, Wout. Van ons
allemaal.'

'We moeten opzoeken wat Wout heeft. Hij is
allergisch voor pollen', zegt Joost.
'Dat staat in het biologieboek', zegt Jamilla.
'Ik zag het toevallig staan, ergens achterin.'
Even later zijn ze druk aan het werk. Kim schrijft
met mooie letters op het bord *Pollen = Stuifmeel*.
Als de directeur de klas binnenkomt is hij
verbaasd.

'Jullie hebben toch een vrij uur?', vraagt hij.
Maar de leerlingen van 3A schudden hun hoofd.
'We hebben gewoon biologie', zegt Jamilla.
'Maar zonder leraar.'
Verbaasd gaat de directeur weer weg.
'Dat heb ik nog nooit meegemaakt', mompelt hij.

Aan het eind van het uur staat er een les over
pollen op het bord.
Een les die 3A heeft gemaakt.

Klein en dik

'Hoe is je nieuwe mentor eigenlijk?', vraagt Kims
moeder.
'Aardig', zegt Kim met volle mond. 'Maar nu is
hij ziek.'
Ze loopt de kamer door met twee boterhammen
in haar hand.
Ze neemt nog een hap terwijl ze naar de bank
loopt. Met een plof gaat ze zitten.
De kat, die lekker op de bank lag te slapen,
schrikt wakker.
Hij springt met een grote sprong van de bank.
Daar schrikt Kim weer van.
Een van de boterhammen valt op de grond.
Gauw loopt de kat eropaf. Het is een boterham
met vis. Daar houdt hij van. Hij neemt de
boterham in zijn bek en rent ermee weg.

'Rotkat', moppert Kim. 'Dief.'
'Peer heeft groot gelijk', zegt Kims moeder.
'Jij liet hem schrikken. Nu neemt hij wraak.'
Kim kijkt naar Peer. Hij zit in de vensterbank te
eten. Peer lijkt echt op een peer.

Hij heeft een rare vorm voor een kat.
Hij heeft een klein koppie en een enorm dik lijf.
'Die lekkere boterham maakt je nog dikker',
zegt Kim tegen Peer.
'Net goed. Mijn heerlijke boterham stelen.
Pestpeer.'
Kims moeder schiet in de lach.
Kim moet nu ook lachen.
'Nou ja', zegt ze. 'Als Peer hem opeet, word ik er
niet dik van.'

Kims moeder schudt haar hoofd. 'Je bent niet
dik', zegt ze.
'Wel', zegt Kim. 'Bijna alle meisjes uit mijn klas
zijn slanker. Alleen Margo niet. Die is net zo dik
als ik. Maar dat komt door een ziekte.'
'Margo is veel dikker dan jij', zegt Kims moeder.
'Wees toch eens tevreden met jezelf. Je ziet er
hartstikke leuk uit.'
'Ik ben te klein', zegt Kim. 'Klein en dik.'

Kims moeder zucht.
'Ik zal het nog maar een keer zeggen', zegt ze
tegen Kim.

'Alle meisjes in Colombia zijn veel kleiner dan Nederlandse meisjes.

En meestal ook dikker. Zo is dat nu eenmaal.

Jij bent daar geboren. Jouw moeder zal ook wel klein zijn geweest.

Het grappige is dat jij best groot bent voor een Colombiaanse.'

'Maar klein voor een Nederlandse', moppert Kim.

'En dik.'

'Ik geef het op', zegt haar moeder. 'Ik ga een boterham maken, met vis.'

'Maak er voor mij ook een!', roept Kim.

Lekker weg

'Hoe lang duurt die pollen-ziekte eigenlijk?',
vraagt Jamilla.
'Dat staat niet in het biologieboek.'
Wout is er vandaag weer niet.
De pollen-les staat nog op het bord. Helemaal af.
'We bellen weer op', zegt Joost. Hij pakt zijn
mobiel al.

Maar dan komt de directeur binnen.
'Ik heb gehoord dat jullie zo'n goede les hebben
gemaakt', zegt hij.
De klas knikt trots en wijst naar het bord.
De directeur leest de les over pollen.
Als hij klaar is, draait hij zich om naar de klas.
'Ik vind het schitterend', zegt hij.
'Nu begrijp ik ook wat er met meneer Van Duin
aan de hand is.'

'Wanneer is Wout weer beter?', vraagt Joost.
'Dat is moeilijk te zeggen', antwoordt de
directeur. 'Dat moeten jullie nu zelf ook
begrijpen. Jullie hebben die les toch gemaakt?'

'Nee', zegt Jamilla. 'We begrijpen het niet.'
'Zolang er pollen in de lucht zijn, is meneer Van
Duin ziek', zegt de directeur.
'Niet als hij thuis blijft', zegt Joost.
De directeur knikt. Dat is zo.
In huis heeft Wout er minder last van.
Want in huis vliegen geen pollen door de lucht.

'Ik weet het', zegt Kim ineens. 'Als Wout niet
hier kan komen, gaan wij naar Wout. Mag het?'
Ze kijkt de directeur smekend aan.
'Ik weet het niet', aarzelt de directeur.
Nu bemoeit de hele klas zich ermee. Van alle
kanten wordt geroepen.
'Toe nou.' 'Zeg maar ja.' 'Het is niet ver.'
De directeur lacht. 'Vooruit dan maar', zegt hij.
Ze beginnen allemaal hun tas in te pakken.
Een paar leerlingen willen de klas al uitgaan.

'Wacht even!', roept de directeur.
'Jullie mogen er tot de grote pauze blijven. Maar
dan weer terugkomen. En zorg dat je op tijd bent.'
Ze beloven het meteen. Leuk, onder schooltijd
lekker weg met z'n allen.

Bij Wout thuis

Wout staat voor het raam.
Hij kijkt niet verbaasd als de klas eraan komt.
Hij wist dat ze zouden komen. De directeur heeft
hem opgebeld.
De directeur heeft ook verteld van de les op het
bord.
Wout is trots op zijn klas. Trots en blij omdat ze
hem komen opzoeken.

Wout doet de deur open: 'Kom binnen. Ik heb
koffie gezet.'
Even later zit de klas bij Wout in de kamer.
Het is erg gezellig. De kamer is helemaal vol.
Ze kletsen allemaal met elkaar en drinken koffie.
Dan zegt Wout: 'Luister even allemaal.'
Ze zijn meteen stil.

'We moeten verder met het contract tegen pesten.
Dat kunnen we best hier doen. Niet vandaag,
maar de volgende les.'
Wout stopt. Hij moet niezen. 'Jullie hebben
pollen meegenomen', zegt hij lachend.

'De volgende keer moeten we onze jassen buiten
uitkloppen', zegt Kim.
Wout knikt. 'Dat kan helpen. Jullie hebben je les
goed gedaan!'

'Hoe doen we dat dan de volgende keer?',
vraagt Joost.
Wout vertelt dat ze kunnen komen in een
blokuur voor de pauze.
Net als vandaag. Dan hebben ze genoeg tijd om
heen en weer te fietsen.
De directeur vindt dat ook een goed plan.

Kim kijkt Pieter aan. Zij zijn de volgende keer
aan de beurt.
Dat heeft Wout gezegd.
De volgende keer moeten zij hun handtekening
zetten.
En iets vertellen over hun zwakke plekken en
over pesten.
Hier in de huiskamer kan Pieter het misschien
wel vertellen. Het is hier zo gezellig. Anders dan
op school.
Pieter lacht naar Kim. Hij begrijpt wat ze bedoelt.

'Jullie moeten terug naar school', zegt Wout.
Ze staan op en pakken hun jassen.
'Wat een leuke foto', zegt Jamilla. Ze wijst naar
de muur.
Daar hangt een foto van Wout met een jonge
vrouw. Een meisje eigenlijk.
'Dat was mijn vrouw', zucht Wout.
'De volgende keer zal ik jullie over haar vertellen.'

Ze gaan naar buiten en pakken hun fiets.
Een paar leerlingen zijn niet op de fiets.
Die springen bij iemand achterop.
Wout zwaait. Zijn klas zwaait terug.

Pieter blijft Pieter

Ze zitten weer bij Wout thuis in de woonkamer.
Ze zijn muisstil, want Wout vertelt over zijn
vrouw.
'Ze kon niet meer tegen dat pesten', zegt Wout.
'Die akelige telefoontjes gingen maar door.
We hebben een geheim nummer genomen.
Toen was het even rustig.
Maar na een tijdje kregen we die telefoontjes
weer.
Ze werd bang. En ik kon haar niet geruststellen.
De ene dag zat mijn auto onder de krassen.
De volgende dag lag er poep voor de deur.
Toen is ze naar haar ouders gegaan.'

'Ze kan nu toch terugkomen?', zegt Jamilla.
'Alles is nu toch in orde?'
Maar Wout schudt zijn hoofd.
'Ze denkt dat het aan mij ligt. Ze zegt dat ik
altijd gepest zal worden.
Vroeger, toen ik zelf nog leerling was, was het
heel erg. De kinderen duwden me in het water
omdat ik dik was.

Je blijft wel drijven, zeiden ze.
Ze sloten me op in een broeikas omdat ik
allergisch was.
Kijken of je echt gaat niezen, zeiden ze.
Dat had ik allemaal aan mijn vrouw verteld.
Ze durft nu niet meer mijn vrouw te zijn.
Ze is bang dat ik steeds weer zal worden gepest.
En dat het later als we kinderen hebben ook met
hen zal gebeuren.'

De klas is doodstil. Ze weten niet wat ze moeten
zeggen. 'Ja', zucht Wout. 'Pesten kan echt heel
erg worden. En het begint altijd met een geintje.'

'Ik moet mijn handtekening onder het contract
zetten', zegt Pieter dan.
'Ik zal iets vertellen over mijn zwakke plek.
Over mijn angst voor pesten.'
Pieter kijkt even naar Kim. Ze knikt naar hem.
En dan vertelt Pieter. Dat hij homo is. Dat hij dat
niet erg vindt.
Maar dat hij wel bang is om het te zeggen.
'Ik heb het alleen nog aan Kim verteld', zegt
Pieter. 'En nu aan jullie.

Ik hoop dat jullie me er niet mee zullen pesten.
Jullie zeiden wel eens mietje tegen me, of homo.
Dat was een geintje. Maar ik vond het nooit leuk.'

Weer is de klas stil. Ze krijgen wel veel te horen
vandaag.
Veel om over na te denken, ook.
Joost is de eerste die wat zegt. 'Hoe vindt Kim
dat nou?'
Kim krijgt een kleur. 'Pieter blijft Pieter', zegt ze
dan.

Tevreden met jezelf

Iedereen heeft zijn handtekening onder het contract gezet.
En iedereen heeft iets over zijn zwakke plek verteld.
Ze weten nu heel veel van elkaar. En dat geeft best een fijn gevoel.

De meeste dingen hadden ze wel kunnen bedenken.
Margo vindt het naar dat ze zo dik is.
Ze heeft verteld dat het komt door een ziekte.
Niet doordat ze veel eet of veel snoept.

Robin vindt het rot dat hij niet bij zijn vader en moeder kan wonen. Hij woont bij zijn oude oma. Die is lief, maar vaak ziek. Robin zorgt dan voor haar. Zijn oma moet eigenlijk naar een bejaardenhuis. Maar dan heeft Robin geen plek meer om te wonen.

Joost heeft lang nagedacht. 'Ik ben wel tevreden met mezelf', zei hij.

De klas moest lachen. Ja, dat kunnen ze begrijpen.
De ouders van Joost zijn rijk. Joost krijgt alles wat hij hebben wil.
Hij heeft pas een scooter gekregen. Toen hij zestien werd.
Hij heeft een duur telefoontje. Hij heeft mooie kleren.
En hij ziet er ook nog leuk uit: groot en blond.
'Toch heb jij ook een zwakke plek', zegt Wout.
'Denk er maar over na.'

Kim heeft verteld dat ze geadopteerd is, maar dat ze daar niet mee zit.
'Ik ben te klein en te dik', zei Kim. 'En ik heb slechte ogen.
En ik word altijd uitgelachen met gym, omdat ik onhandig ben.
Ik wou dat ik Lea was. Die is zo mooi lang en slank. En zo lenig.'

Maar Lea is het helemaal niet met haar eens.
'Ik ben zo dun', klaagt Lea. 'En heb je mijn voeten wel eens bekeken?

Maat 42. Ik ben net Tweety. En mijn haar is net touw.
Ik wou dat ik het haar van Kim had. En de voeten van Kim.'

'Het is moeilijk om tevreden te zijn met wie je bent', zegt Wout.
'Toch moet je dat proberen. Sommige dingen zijn te verhelpen.
Slechte ogen zijn tegenwoordig te opereren.
Misschien wordt er ook wel een geneesmiddel gevonden tegen de ziekte van Margo.
Maar die grote voeten van Lea ...'
De klas lacht. Het is echt gezellig, zo bij Wout thuis.

Een verrassing

'En ... we gaan een survivaltocht maken.'
Wout kijkt vol verwachting naar de klas.
Ze zijn weer op school.
Wout is gelukkig weer beter.
De klas heeft van alles te vragen.
Hoe lang blijven we weg? Waar gaan we slapen?
Moeten we onze fiets meenemen? Gaan we met
de bus?
Zijn we de enige klas of gaan er nog andere mee?

Wouts ogen lachen achter zijn brillenglazen.
Hij had wel verwacht dat ze blij zouden zijn.
Ze hadden een gewoon schoolreisje verwacht,
van één dag.
Met de bus naar een pretpark, of zo.
Leerlingen van de derde gaan nooit een paar
dagen weg.
Wel in de vierde. Leerlingen van de vierde gaan
altijd een week weg.
Naar Parijs of Londen of Praag. Ze mogen
kiezen.
Nooit kiest een hele klas dezelfde stad.

En dat vindt Wout jammer. Hij wil met zijn hele klas op stap.

'Waarom heb je dat geregeld, Wout?', Joost kijkt hem vragend aan.
'Tja', zegt Wout. 'Ik weet niet of ik jullie dat wel moet vertellen.'
De klas is meteen rustig.
Wout vertelt hun altijd alles. Of bijna alles.
En nu zal hij niet willen vertellen waarom hij deze survival geregeld heeft?
Maar Wout lacht: 'Grapje.'

Dan wordt hij ernstig.
'Het contract tegen pesten is een groot succes', zegt Wout.
'Ik heb het in de vergadering laten zien. Iedereen was enthousiast. Alle mentoren gaan het nu doen in hun klas. De directeur vond dat jullie een prijs verdienden, voor het goede idee. Toen heb ik dat schoolreisje bedacht.'

Wout zet zijn dikke bril af en poetst hem schoon.
'Zou hij huilen?', denkt Kim.

Maar dat kan ze niet goed zien.

'Tof, Wout', zegt Joost. 'Ik wou dat alle leraren zo waren als jij.'

'Dat zou wel een beetje vermoeiend worden, zo veel schoolreisjes', antwoordt Wout.

De klas moet lachen.

Goed geregeld

'Denk je dat zo'n schoolreisje veel gaat kosten?'
Robin zegt het zachtjes, maar iedereen verstaat
hem.
Wout knikt. 'Goedkoop is het niet, maar we gaan
het zelf verdienen', zegt hij.
'We gaan met elkaar aan het werk, op
woensdagochtend.'

Iedereen roept weer door elkaar.
'Hoeven we dan niet naar school?'
'Hoe kan een hele klas nou ergens werken?'
'Wat gaan we dan doen? Hoeveel verdienen we?'
'Ho, ho', zegt Wout. 'Ik zal alles vertellen, maar
niet alles tegelijk.'
En dan vertelt hij.

Dat ze iedere woensdag vroeg op moeten staan.
Om zeven uur beginnen ze.
Een groep gaat vakken vullen in de supermarkt,
vlak bij school.
Een andere groep gaat in het bejaardenhuis
werken: schoonmaken en eten klaarmaken.

Een derde groep gaat in het postkantoor werken:
post sorteren.
Een vierde groep werkt in het zwembad:
schoonmaken en helpen met de zwemlessen.

'Dan wil ik in het postkantoor', zegt Joost.
'En ik wil helpen met de zwemlessen', zegt Kim.
'Nee, zo gaat dat niet', zegt Wout.
'We wisselen de groepen. Iedereen komt in het
postkantoor. En in het bejaardenhuis. En in de
supermarkt. En in het zwembad.
Sommige karweitjes zul je vervelend vinden,
andere leuk.
Zo gaat dat nu eenmaal. Maar ...'

Wout kijkt geheimzinnig.
'Ik heb kunnen regelen dat dit werk als stage
wordt geteld.
In de derde klas moet je werkervaring opdoen.
Meestal moet je zelf een stageplaats vinden.
Dan werk je een week in een winkel of op een
kantoor.
Daar moet je dan een verslag over schrijven.
En daar krijg je dan een cijfer voor.

Voor jullie gaat het nu anders. Je hoeft zelf geen
stageplaats te zoeken.
We werken met elkaar voor het schoolreisje.
We maken met elkaar een stageverslag.
Ik weet nog niet precies hoe we dat doen.
Maar het komt wel goed.
En het fijne is: iedereen kan mee met het
schoolreisje. Het kost jullie ouders geen cent.'

De leerlingen kijken vol bewondering naar Wout.
Wat heeft hij dat allemaal goed bedacht.

Joosts zwakke plek

'Zijn er nog vragen?', vraagt Wout.
Jamilla steekt haar vinger op. Ze kijkt somber.
'Ik mag van mijn ouders niet ergens anders
slapen', zegt ze.
Wout knikt.
'Zijn er nog anderen die thuis moeten of willen
slapen?', vraagt hij.
Voorzichtig steekt Joost zijn vinger op.
Iedereen kijkt verbaasd naar Joost.
Van Jamilla wisten ze het wel, maar Joost ...?

Wout vraagt niets. 'Goed', zegt hij.
'Ik zal ervoor zorgen dat jullie iedere avond naar
huis gereden worden.
En elke ochtend komt iemand jullie weer
ophalen. Oké?'
Jamilla en Joost knikken blij.

'Ik, eh ... ik wil wel vertellen waarom', zegt Joost
dan.
'Toe maar', zegt Wout.
'Ik heb last van heimwee. Al heel lang.

Ik kon nooit eens bij een vriendje slapen.
Of logeren bij mijn oma.
Ik heb het vaak geprobeerd. Maar het ging steeds
mis.
Mijn vader moest me altijd komen ophalen.
Midden in de nacht.
Ik vind het hartstikke rot. Vooral nu.
Het lijkt me zo gaaf om met elkaar te gaan
kamperen. Maar ik durf het niet.'

'Ik ben blij dat je het ons verteld hebt', zegt Wout.
'En ... nu kennen we meteen je zwakke plek.'
Joost kijkt somber.
'Ik schaam me ervoor', zegt hij. 'Ik wil er vanaf.'
'Dat is altijd zo met zwakke plekken', zegt Wout.

'Waarom heb je niets gezegd?', vraagt Kim.
Joost kijkt haar vragend aan.
'Toen je het contract ondertekende', zegt Kim.
Weer kijkt Joost somber.
'Ik vind het zo stom, die heimwee. Ik dacht:
niemand hoeft het te weten.'

'Dat is niet eerlijk', zegt Kim weer.

'We hebben allemaal onze zwakke punten
verteld. Dat had jij ook moeten doen.'
'Je hebt gelijk', zegt Joost. 'Maar ik was bang dat
jullie me zouden plagen.'
'Waar ging dat contract ook al weer over?', vraagt
Wout.
Joost knikt beschaamd.

Robin

In het fietsenhok staan Joost en Robin.
Ze praten over het schoolreisje.
'Het lijkt me fantastisch', zegt Robin.
'Survival. Het klinkt al zo spannend.'
Joost knikt. Hem lijkt het ook geweldig.
Maar voor Robin is het leuker.
Robin gaat nooit met vakantie.
'Hoe moet dat nou met je oma als jij op survival
bent?', vraagt Joost.
Robin kijkt even sip. Ja, hoe moet dat?
'Misschien kan ik voor een paar dagen koken',
zegt hij.
'Of de buren vragen. Ik zie wel.'

Pieter en Kim pakken hun fiets.
'Tot morgen', roepen ze tegen Joost en Robin.
'Ja, ik ga ook', zegt Joost. Hij pakt zijn scooter.
Robin kijkt er jaloers naar. Zo'n prachtige
scooter.
'Wil je achterop?', vraagt Joost aan Robin.
'Dan breng ik je thuis.'
Maar Robin schudt zijn hoofd.

'Dan moet ik morgen naar school lopen', zegt hij,
en hij pakt zijn fiets.

Onderweg naar huis denkt Robin na.
Als zijn oma nou maar niet ziek is als ze op
survival gaan.
Want dan kan hij natuurlijk niet mee.
En dat zou erg jammer zijn.
Het is wel een geweldig plan van Wout.
Niemand hoeft iets te betalen.
Dat heeft hij vast voor mij zo bedacht, denkt
Robin.
Dat werken lijkt hem ook best leuk.
Het zwembad, het postkantoor, de supermarkt.
Allemaal leuk.
Alleen dat bejaardenhuis, dat lijkt hem niks.
Hij vindt één bejaarde meer dan genoeg.

Robin zet zijn fiets in de kelder van de flat.
Hij loopt de trappen op naar boven.
Het is jammer dat hier geen lift is, denkt hij.
Dat zou veel makkelijker zijn voor oma.
Hij is zo in gedachten, dat hij bijna tegen de
buurvrouw opbotst.

'Sorry', zegt Robin tegen haar.
'Ik was in gedachten. Ik dacht net dat die trappen
zo hoog zijn.
En dat dat zo moeilijk is voor mijn oma.'
De buurvrouw knikt. 'Voor oudere mensen valt
het niet mee', zegt ze.

Werken in badpak

Wout heeft iedereen ingedeeld voor het werk.
Kim moet de volgende woensdag naar het
zwembad. Jamilla moet daar ook naartoe.
'Moet ik dan in badpak?', vraagt Jamilla.
Ze zitten op het muurtje voor de school.
Het is pauze, en Wout staat bij de klas.

'Dat weet ik niet', zegt Wout.
'Het ligt eraan wat voor werk je moet doen.'
'Ik neem mijn badpak wel mee', zegt Kim.
'Misschien mag ik helpen met lesgeven. Dat lijkt
me zo gaaf.'
'Het lijkt mij ook leuk', zegt Jamilla.
'Maar ik denk dat mijn vader het niet goed vindt.'

Ja, daar had Kim niet aan gedacht. En Wout ook
niet.
'Dat kun je toch zeggen in het zwembad?', vraagt
Kim.
'Wat moet ik dan zeggen?', vraagt Jamilla.
'Dat je geen werk kunt doen in je badpak',
zegt Kim weer.

Ze moet er zelf om lachen. Het klinkt zo raar.
'Ik kan ook stiekem mijn badpak meenemen',
zegt Jamilla.
'En niks tegen mijn vader zeggen.'

Maar Wout schudt zijn hoofd.
'Nee', zegt hij. 'Dat is geen goed idee, Jamilla.
Als je vader het toch te weten komt, mag je
misschien niet mee op kamp.
En daar doen we het allemaal voor.'
Ja, dat is waar.
'Ik kan voor je opbellen naar het zwembad',
zegt Wout dan.
'Als je het niet zelf wilt zeggen. Maar ik denk dat
je het beter zelf kunt doen. Daar leer je ook van.'
Jamilla knikt, maar ze kijkt niet blij.

'Ik ben er ook nog', zegt Kim. 'We gaan het
samen wel zeggen.
Het is altijd makkelijker met z'n tweeën.'
Jamilla kijkt Kim blij aan. 'Graag', zegt ze.
'We kunnen na school wel even langs het
zwembad fietsen', zegt Kim.
'Ja, dat is een goed idee', zegt Wout.

Hij pakt zijn agenda en bladert erin.
'Hier heb ik het', zegt hij. 'Meneer Watervrees
moeten jullie hebben.'
Kim en Jamilla moeten vreselijk lachen.

'Dat kan niet waar zijn!', roept Kim.
'Het is echt zo', zegt Wout.
'En denk erom: jullie plagen die man niet met
zijn naam.
Hij kan er ook niets aan doen dat hij zo heet.
Ik denk dat hij er al genoeg over te horen krijgt.'

De eerste werkdag

'Vertel, hoe was het?' Wout kijkt benieuwd de
klas rond.
Het is woensdag. Ze hebben allemaal gewerkt en
ze zijn nu weer op school.
Iedereen roept natuurlijk door elkaar heen.
Wout verstaat er niets van. Maar het klinkt
enthousiast.
'Om de beurt!', roept Wout. 'Eerst Kim en
Jamilla.'

Kim vertelt dat ze mag helpen met lesgeven.
Jamilla staat in de kantine. Die moet ze netjes
opruimen. En ze moet koffie zetten.
'Leuk?', vraagt Wout. De meisjes knikken.
Erg leuk.

'En Pieter?', vraagt Wout.
Hij moest naar het postkantoor met Joost.
'Ook leuk', zegt Pieter.
'Wel vermoeiend', zegt Joost. 'We hebben post
rondgebracht. En we moesten opschieten om
weer op tijd hier te zijn.'

'Kon je niet met je scooter?', vraagt Wout.
'Dat heb ik wel gevraagd', zegt Joost. 'Maar het
mocht niet.'

De groep van de supermarkt is ook enthousiast.
'Vakken vullen is stom werk', zegt Robin.
'Maar het is wel gezellig met elkaar.
En ik weet nu precies welke soorten koffie er
zijn. En wat ze kosten.'
'Is het erg zwaar?', vraagt Wout.
'Het valt wel mee', zegt Robin.

Margo vertelt over het bejaardenhuis.
'Alles gaat heel rustig', zegt ze. 'Daar houd ik wel
van. En die oudjes zijn zo lief. En zo blij als je
komt helpen.'
Ze vertelt over een oude vrouw die vroeger goed
kon zingen. Ze was een bekende zangeres.
'Ze denkt dat ze dat nog steeds is', grinnikt
Margo. 'Ze loopt zingend door de gangen met
haar rollator.'

'Dus het is een succes?', vraagt Wout.
De klas knikt.

'Dan gaan we nu biologie doen', zegt Wout.
'Pak je boek maar.'

Posters

'We gaan vandaag aan het verslag werken',
zegt Wout.
Verslag? De klas kijkt hem verbaasd aan.
Welk verslag?
'Zijn jullie dat vergeten?', vraagt Wout.
'Jullie moeten toch een stageverslag maken.
Dat moeten alle derdeklassers. Dat heb ik verteld.'
O ja, ze weten het weer.
Ze moeten een verslag maken van hun werk.
Van de supermarkt. Van het zwembad.
Van het postkantoor. Van het bejaardenhuis.

'Moeten we vier verslagen maken?', vraagt Joost.
'Dat vind ik wel een beetje veel.'
'Nee. We gaan het op een andere manier doen',
zegt Wout.
'We gaan vier posters maken. We delen de klas
ook in vier groepen.
Iedere groep maakt een poster. Ga maar vast
bedenken in welke groep je wilt.
Op iedere poster komen plaatjes en teksten.
En een titel.

Bijvoorbeeld: Het zwembad is er voor iedereen.
Dan gaan jullie iets schrijven over het zwembad.
Waarom het zo goed is om te zwemmen.
Hoe mooi ons zwembad is. Wat het kost. Dat soort
dingen.'

Het is een leuk idee. Ze gaan meteen plannen
maken.
'Mijn vader heeft een mooi fototoestel', zegt
Joost.
'Ik zorg wel voor de foto's. En ik neem Lea mee
als fotomodel.'
'Zorg ervoor dat haar voeten er niet opkomen',
zegt Robin.
Hij schrikt ervan. Was dat pesten?
Maar iedereen moet lachen. Lea zelf ook.

'Jullie mogen het computerlokaal gebruiken',
zegt Wout.
'Jullie kunnen dan mooie teksten maken, in kleur.
De leraar informatica wil wel helpen.
Hij kan ook zorgen voor computerplaatjes.
Jullie moeten zelf afspraken met hem maken.
En het moet na schooltijd.'

De groepen worden ingedeeld. Dan gaan ze aan
het werk.
Ze zijn nog maar net bezig als de bel gaat.
'Hè', zegt Joost. 'Nu al. Zullen we vanmiddag
verder gaan? Het kan wel bij mij thuis.'
Ja, dat is een goed idee.
Het zwembadgroepje knikt.

Een plan

Ze zitten bij Joost op de kamer.
De moeder van Joost heeft thee met koekjes
gebracht.
Joost heeft een grote kamer, met een prachtig
balkon. Maar daar kunnen ze nu niet zitten.
Het is te koud en ze moeten eigenlijk werken.
Werken aan de zwembadposter.
Maar ze zitten te kletsen. Over Wout.

'Ik vind het dit jaar veel leuker op school',
zegt Kim. 'Dat komt echt door Wout.'
De anderen zijn het met haar eens.
'We moeten iets terugdoen', zegt Pieter.
Ja, maar wat?
'Wat zou Wout het liefst willen?', vraagt Jamilla.
Ze denken allemaal even na.
'Dat er niet gepest wordt', zegt Robin.
'Dat zijn vrouw bij hem terugkomt', zegt Kim.
Ze zijn allemaal even stil.

'Hoe moeten we dat voor elkaar krijgen?',
vraagt Pieter dan.

'We weten niet eens hoe zijn vrouw heet.'
'Sina', zegt Jamilla. 'Zijn vrouw heet Sina.'
Ze kijken Jamilla verbaasd aan. Hoe weet ze dat?
Jamilla grinnikt: 'Dat stond onder die foto, bij
Wout thuis.'
'Weet je soms ook haar achternaam?', vraagt
Joost.
Maar Jamilla schudt haar hoofd. Dat stond niet
op de foto.
'Misschien kunnen we het aan Wout vragen',
zegt Kim.
'Niet direct, natuurlijk. Maar zo dat het niet
opvalt.'

'Maar wat doen we dan, als we haar naam
weten?'
Pieter kijkt de anderen vragend aan.
Kim aarzelt: 'Misschien kunnen we haar een
brief schrijven. We kunnen zeggen dat Wout over
haar verteld heeft. We kunnen vragen of ze nog
eens met hem wil praten.'
Maar Pieter vindt het niks.
'We kunnen vragen of ze meegaat op survival',
zegt Joost.

'We kunnen haar uitnodigen met een smoes.'
Dat lijkt Pieter een beter plan. 'Dat kan', zegt hij.
'Maar dan moeten we toch eerst haar naam
weten. En haar adres.'
'Ja', zegt Kim. 'Maar we kunnen nu beter eerst
aan het werk gaan. Anders komt die poster nooit
af.'

Ze schuiven hun stoelen om de tafel.
Kim en Jamilla maken een tekst.
Pieter en Joost zoeken naar plaatjes op de
computer.
Robin bekijkt de folder van het zwembad.

Nog een plan

Het werken op woensdagochtend is nu heel
gewoon.
Over twee weken is het alweer afgelopen. Dat zal
raar zijn.
Wel lekker natuurlijk, niet meer zo vroeg op.
Ze hebben genoeg geld verdiend voor het
schoolreisje.
Dat komt nu dichtbij. Over twee maanden gaan
ze al.
Ze hebben lijsten gemaakt van spullen die mee
moeten.
En er moet heel wat mee: warme kleren voor
koud weer; regenkleding voor als het regent.
In Nederland ben je nooit zeker van het weer.
Maar ze hopen natuurlijk op mooi weer: 25
graden en zonnig.
Dan is de survival ook niet zo zwaar.

De posters zijn bijna af. Ze hebben er hard aan
gewerkt. Morgenavond is het ouderavond.
'Dan moeten ze in de klas hangen', had Wout
gezegd. 'Dat is leuk voor de ouders.'

Eigenlijk gaat alles prima.
Alleen de vrouw van Wout nog.
Ze komen er maar niet achter wat haar
achternaam is. En waar ze woont.
Ze kunnen Wout er niet zomaar naar vragen.
En uit zichzelf zegt hij nooit meer iets over zijn
vrouw.

Ze hebben in het telefoonboek gezocht naar Sina
van Duin.
Want het zou kunnen dat Sina nog steeds
dezelfde achternaam als Wout heeft.
En alle S. van Duins hebben ze opgebeld.
Bij Joost thuis.
Ze hebben vreselijk gelachen.
Maar de goede S. van Duin hebben ze niet
gevonden.

'Waarschijnlijk gebruikt ze de naam Van Duin
niet meer', zegt de moeder van Joost 's middags.
Ze zitten weer met elkaar aan de zwembadposter
te werken.
De teksten en de plaatjes moeten worden
opgeplakt.

Ze hebben een grote lijst gekocht. Een mooie
lijst, met glas ervoor.
Daar moet de poster straks in.
De vader van Joost brengt hem morgen naar
school.
Want zo'n grote lijst kan niet mee op de scooter.

'Sina kan ook een afkorting zijn', zegt de moeder
van Joost. 'Misschien heet ze Josephina.'
'Dan maar geen Sina op survival', zegt Joost
teleurgesteld.
Maar zijn moeder vindt dat hij niet zo snel moet
opgeven.
'Ik heb een plannetje', zegt ze.
'Wat voor plannetje?', vraagt Joost.
'Dat zeg ik niet', antwoordt zijn moeder
geheimzinnig.
'Nou, dan had je net zo goed niks kunnen
zeggen', vindt Joost.

De ouderavond

Er zijn al heel wat ouders in de klas van Wout.
Ze bekijken de posters.
En praten over de prachtige pollen-les.
Die staat nog steeds op het bord. Wout vindt hem
te mooi om uit te vegen.
Op zijn bureau heeft Wout een grote kan koffie
gezet.
De moeder van Kim heeft een cake gebakken.
Die staat ernaast.
'Het lijkt wel een verjaardag', zegt de vader van
Jamilla.

De moeder van Joost staat nog op de gang.
Ze praat met Kims moeder.
'Komen jullie ook binnen?', vraagt Wout.
'Dan gaan we beginnen.'
Giechelend lopen ze het lokaal in.
Wout vertelt over het schoolreisje. Wat ze
allemaal gaan doen.
En wat er nog allemaal geregeld moet worden.
'Jamilla en Joost moeten 's avonds opgehaald
worden', zegt Wout.

'En 's morgens weer gebracht. Is er iemand die dat wil doen?'
De moeder van Joost wil brengen; de vader van Jamilla wil wel halen.

Dan vertelt Wout over Robins oma.
Hij vraagt of er iemand bij haar langs kan gaan als Robin er niet is.
Alle moeders steken hun vinger op.
Wout moet lachen. 'Dat is te veel voor Robins oma', zegt hij.
'Eentje is genoeg. Wie woont het dichtstbij?'
Dat is de moeder van Jamilla. Zij zal elke dag bij Robins oma gaan kijken.
'Ik kan ook wel voor haar koken', zegt ze.

Wout wrijft in zijn handen. Het gaat goed, zo.
De ouders drinken een kopje koffie en praten gezellig met elkaar.
'Wout, kom eens', zegt de moeder van Joost.
Wout gaat erbij zitten.
'Joost vertelde me over je vrouw', zegt ze.
'Dat ze Sina heet. Dat is een bijzondere naam. Mijn beste vriendin van vroeger heette ook zo.

Ik ben zo benieuwd of het dezelfde Sina is.
Wat is haar achternaam?'

'Roozing', antwoordt Wout.

De moeder van Joost schudt haar hoofd.

'Nee, mijn vriendin heet Van Wijk', zegt ze.

'Ik ken een familie Roozing', zegt Kims moeder
dan.

'Uit Beverwijk. Komt uw vrouw daarvandaan?'

'Nee, ze komt uit Amersfoort', zegt Wout.

'O', zegt Kims moeder. Ze doet teleurgesteld.

Een stuk in de krant

Kim moet vreselijk lachen als haar moeder over
de ouderavond vertelt.
'Het is wel gemeen', zegt de moeder van Kim.
'Die arme Wout had niets in de gaten.
Maar het is voor een goed doel.'
Daar is Kim het mee eens. En de anderen ook.
Joost en Kim zijn reuzetrots op hun moeders.

Nu kan er gewerkt worden aan een plan.
Maar dat valt niet mee.
Hoe krijgen ze Sina mee op survival?
Wat moeten ze voor smoes bedenken?
Dan komt de moeder van Joost binnen met een
krant.
'Kijk eens!', roept ze. 'Hier kunnen jullie wat
mee.'
'Wat moeten we nou met dat stomme krantje',
moppert Joost.
'Er staat een stuk in over Wout', zegt ze.
'Dat hebben Kims moeder en ik geschreven.
Over het contract tegen pesten. En dat het zo'n
succes is.

De directeur zegt het zelf. Er wordt minder
gepest op school.
En dat komt door Wout.'

Joost en Kim rukken de krant uit haar handen.
'Wat gaaf!', roept Kim. 'Wat een fantastisch idee.'
'We sturen het op aan Sina!', roept Jamilla.
'Dan ziet ze hoe geweldig Wout is.'
'Er staat ook een foto van Wout bij', zegt Robin.
'Die heb ik genomen op de ouderavond', grinnikt
Joosts moeder.
Wout staat voor het bord met de pollen-les.
Onder de foto staat:
Wout van Duin hoeft niet eens op school te zijn.
Zijn klas (3A) maakte deze les toen Wout ziek thuis
was.

'Zo', zegt de moeder van Joost. 'Nu laat ik het aan
jullie over. Kims moeder en ik hebben genoeg
gedaan.
Ik zal nog een pot thee voor jullie zetten. En dat
is het dan.'
'Kan er een koekje bij?', zegt Joost. 'Of is dat te
gek?'

'Veel te gek', antwoordt zijn moeder.
Maar even later komen er toch koekjes.

'We schrijven Sina een brief', zegt Robin.
'En we sturen dat krantenstuk mee.'
'Wat schrijven we in die brief?', vraagt Pieter.
'Het probleem van die smoes is nog steeds niet
opgelost.'
'Misschien moeten we geen smoes verzinnen.
Misschien moeten we gewoon de waarheid
vertellen', zegt Jamilla.
Ze kijken haar allemaal verbaasd aan.

De brief

Beste Sina,

Misschien is het niet erg beleefd om u geen mevrouw Roozing te noemen, of mevrouw Van Duin. Maar we weten niet precies of u nog steeds de vrouw van Wout bent of niet.
En omdat we Wout gewoon Wout mogen noemen, dachten we dat we tegen u ook wel Sina kunnen zeggen.

Wij zijn leerlingen van 3A, de mentorklas van Wout. Zoals u in het krantenartikel kunt lezen, is Wout een geweldige mentor.
We hebben ontzettend veel van hem geleerd. Vooral over pesten. Hoe erg dat kan zijn.
Hij vertelde hoe hij zelf is gepest. En hoe vreselijk dat was. Dat hij niet meer kon slapen.
En dat hij door dat pesten ook zijn vrouw is kwijtgeraakt, u dus. We schrokken daar erg van.

Toen hebben wij het contract tegen pesten gemaakt. Iedereen op onze school gebruikt het nu.

En het helpt echt. Omdat het zo'n succes is, mogen we een schoolreisje van een paar dagen maken. Daar heeft Wout voor gezorgd. We gaan kamperen en op survival. Gaaf, natuurlijk.

En nu dan onze vraag. We willen Wout zo graag iets geven. En we denken dat hij het heel erg leuk vindt om u weer eens te zien. Kunt u met ons meegaan als begeleider? Wout slaapt met de jongens in een grote tent en een van de moeders slaapt in de meisjestent. Als u meegaat, blijft die moeder thuis. Zij weet dat we deze brief schrijven en zij vindt het ook een leuk plan.

We hopen echt dat u komt. Het zou zo leuk zijn voor Wout. Hij weet natuurlijk van niets!

De hartelijke groeten van 3A.

Onder de brief schrijven ze allemaal hun naam.
Ze stoppen de brief met het stuk uit de krant
in een envelop. En schrijven het adres in
Amersfoort erop.
Dan nog een postzegel.

En dan gaat de brief in de brievenbus.
Ze zijn een beetje zenuwachtig.
Wat zal Sina ervan vinden?
Ze hopen maar dat Sina gauw terugschrijft.

Wat nu?

Maar Sina schrijft niet terug.
'Moeten we haar opbellen?', vraagt Kim.
'Misschien wil ze gewoon niet mee', zegt Pieter.
'Misschien heeft ze de brief niet ontvangen',
zegt Kim.
'Ik vind het een beetje eng om haar te bellen',
zegt Jamilla.
'Maar ik denk dat we dat wel moeten doen.'

Ze staan in een groepje bij elkaar op het
schoolplein.
Over een week is het zover, dan gaan ze op reis.
Alles is geregeld, behalve Sina.
'Wat een sombere gezichten.' Wout komt vrolijk
aanlopen.
'We gaan toch leuk op kamp? Kijk eens blij!'

Ze proberen te lachen.
Maar het lukt niet echt goed.
'Bang voor het rapport?', vraagt Wout.
Ze knikken maar. Ze kunnen moeilijk vertellen
wat er aan de hand is.

'We trekken lucifers', zegt Kim als Wout weg is.
'Ik pak vijf lucifers. Eentje is korter dan de andere.
Ik houd ze tussen mijn vingers, met de kop naar boven. Niemand ziet welke lucifer de korte is.
Dan moeten jullie een lucifer trekken, om de beurt. Wie de korte lucifer trekt, moet opbellen.'
De rest knikt. Ze snappen het.
Kim gaat de school in. Even later komt ze het plein weer op.
Ze heeft vijf lucifers in haar hand.
Ze trekken er allemaal een.
Niemand heeft de korte lucifer.
Kim zucht. 'Ik dus', zegt ze.
'Ik bel vanmiddag wel, als ik thuis ben.
Ik vind het vervelend als jullie erbij zijn.'

'Zal ik bellen?', vraagt Pieter als ze samen naar huis fietsen.
Kim kijkt hem aan. Lief, denkt ze.
'Nee, we hebben eerlijk geloot', zegt ze.
'Succes ermee en tot morgen.' Pieter gaat de hoek om.
'Ja, tot morgen', antwoordt Kim.

Het kamp

Opgewonden staan ze bij de bus.
Overal op de stoep staan rugtassen, reistassen,
leerlingen en ouders.
'Waarom gaan we niet weg?', wordt er geroepen.
'Wout is er nog niet', is het antwoord.
Wout is er nog niet? Waar kan hij dan zijn?
Zonder Wout kunnen ze niet weg.
De directeur komt eraan.
'Stap maar in', zegt hij. 'Wout gaat met zijn eigen
auto.
Hij belde net op. Jullie zien hem bij het kamp.'

'O, nou, ook goed', bromt Joost.
Hij vindt het maar raar.
Ze hebben hier het hele jaar naartoe gewerkt.
En nu gaat Wout met zijn eigen auto.

Maar in de bus is het gezellig.
De chauffeur heeft de radio aangezet.
Ze zingen vrolijk mee met de populaire liedjes.
Gelukkig staan er geen files.
Na een uurtje zijn ze bij het kamp.

De bus rijdt het terrein op en daar staat Wout.
De moeder van Lea staat naast hem.
Ze zien meteen dat zij het is: Lea lijkt erg veel op
haar moeder.
Zij zal in de tent bij de meisjes slapen.

Het plan met Sina is niet gelukt.
Kim heeft nog opgebeld naar Amersfoort.
Daar woonde wel een familie Roozing.
Maar geen Sina.

'Hallo, Wout! Was het je te druk in de bus?'
Lachend stappen ze de bus uit.
'Ik heb liever een auto bij me', antwoordt Wout.
'Stel je voor dat er iemand ziek wordt.
Dan moet ik snel naar een dokter toe kunnen.'

Ze slepen hun tassen, zakken en koffers naar de
twee tenten. Daar moeten ze hun bed maken.
Van een matje en een slaapzak.
Het is snel klaar. Makkelijk hoor, kamperen.
Dan moeten ze naar de eettent.
Daar krijgen ze te horen wat er vandaag gaat
gebeuren.

Wout maakt weer groepen: één groep moet
vandaag voor het eten zorgen.
De andere groepen komen de volgende dagen
aan de beurt.

Survival

Wout vertelt wat ze gaan doen.
Ze gaan fietsen. Ze gaan hardlopen.
Ze gaan vlotten maken en erop varen.
Ze gaan zwemmen. En aan touwen hangen
boven het water.
Ze gaan een brug bouwen van takken en er
overheen rennen.
Ze gaan door een buis kruipen. Ze gaan in
bomen klimmen.
Ze gaan in het donker hun weg vinden, met een
zaklamp.

Het lijkt allemaal heel leuk.
Maar Kim is een beetje bang dat ze uitgelachen
zal worden.
Zwemmen kan ze wel goed, maar aan touwen
hangen ...
'We doen het in teams', zegt Wout.
'Iedereen moet alles doen, maar alleen de vijf
snelste tijden tellen.'
Gelukkig, denkt Kim. Dan kan ik rustig uit de
touwen vallen.

'We beginnen vanmiddag, na de lunch', zegt
Wout.
'De groep die het eten verzorgt, doet vandaag
niet mee.
De andere teams gaan vlotten bouwen en fietsen.
En vanavond gaan we allemaal op stap met een
zaklamp.'

Kim zit in de eetgroep. Ze loopt naar de hoek
van de eettent.
Daar staan de spullen voor de lunch.
Samen met de anderen gaat ze aan het werk.
De moeder van Lea helpt ook mee.
'Vanavond eten we macaroni', zegt Lea's moeder.
'Dat is lekker makkelijk. Dan zijn we gauw klaar.'
'Moeten we ook afwassen?', vraagt Kim.
'Ja', zegt Lea's moeder. 'Dat denk ik wel.'

'Maar daar help ik jullie bij', klinkt een stem.
Verbaasd kijken ze om.
Een jonge vrouw staat in de eettent.
Kim weet meteen wie ze is.
'U bent Sina!', roept ze blij. 'U bent toch
gekomen.'

Sina knikt. 'Weet Wout het?', vraagt ze.
'Welnee', zegt Kim. 'We hebben hem niets
verteld.
Maar heeft u hem niet gezien? Hij is buiten
bezig.'
Sina schudt haar hoofd. Nee, ze heeft Wout niet
gezien.
'Ik begrijp het niet', zegt Kim. 'Wij konden u
helemaal niet vinden.
Hoe kunt u nou hier zijn?'

Sina lacht: 'Zeg maar jij tegen me', zegt ze.

De eetgroep

Ze zijn snel klaar met het eten klaarzetten.
In de eettent staat een heerlijk broodmaaltijd.
'We kunnen iedereen roepen', zegt de moeder
van Lea.
Ze loopt naar buiten. Ze heeft laarzen aan omdat
het een beetje regent.
Lea's moeder heeft ook grote voeten, ziet Kim.

'Ik ga mijn spullen in de slaaptent zetten',
zegt Sina.
'Ik zal wel even meegaan', zegt Kim.
Als ze in de slaaptent zijn zegt Kim: 'Wat doe je
nu? Ga je gewoon mee-eten?'
Sina aarzelt: 'Ik weet het niet. Wat zal ik doen?'
Opeens krijgt Kim een idee.
Vanavond gaan ze met elkaar het bos in, met
zaklampen.
Ze moeten een schat zoeken, zei Wout.
Nou, Kim zal er wel voor zorgen dat de schat
gevonden wordt. Door Wout!

'Blijf maar hier', zegt Kim tegen Sina.

'Ik kom zo wel wat brood brengen. Ik zal je
straks vertellen wat mijn plan is.
Als de anderen erbij zijn.'
Kim loopt terug naar de eettent.
Eerst vond ze het jammer dat ze vanmiddag voor
het eten moest zorgen.
Maar nu vindt ze het helemaal niet erg meer.

Na de lunch gaan de groepen aan het werk.
Een groep gaat fietsen. Wout heeft
mountainbikes gehuurd.
Die staan bij de ingang van het kamp.
Het regent nog steeds een beetje. Dat is wel
jammer. Maar morgen wordt het mooi weer,
heeft Wout gezegd.

De andere groep gaat vlotten bouwen.
Bij het meertje ligt een hoop boomstammetjes.
En touw.
Ze mogen geen spijkers gebruiken.
Wout helpt bij de vlotten.
De gymleraar gaat mee fietsen.

De eetgroep gaat afwassen. Het is een heel werk.

Gelukkig helpen Lea's moeder en Sina ook mee.
Als de afwas klaar is, gaan ze met elkaar aan
tafel zitten.
'We beginnen meteen met de macaroni', zegt
Lea's moeder.
Uien snijden, wortels schoonmaken, prei wassen,
tomaten in heet water leggen.
Iedereen krijgt iets te doen.
Als ze allemaal bezig zijn, zegt Kim: 'Nu wil ik
weten hoe het zit.
Vertel, Sina! Heb je toch onze brief gekregen?'

Sina's verhaal

En Sina vertelt.
Ze had de brief van 3A gekregen, met het krantenartikel.
Ze was heel verbaasd geweest, maar ook heel blij.
Ze vond het zo fijn voor Wout dat alles nu goed ging.
Maar ze wist niet goed wat ze moest doen.
Ze vond het wel leuk van 3A dat ze haar hadden uitgenodigd.
En het leek haar ook wel gaaf om Wout weer te zien.
Maar misschien wilde Wout haar niet meer zien.
De klas zei van wel, maar wisten ze het wel zeker?
Toen dacht ze: Ik ga naar Londen. Daar woont mijn beste vriendin.
Ze wilde met haar vriendin praten over Wout en over 3A.

Toen Sina in Londen was, belde Kim op.
Sina's vader wist niets van de brief van 3A.
Hij dacht aan al die akelige telefoontjes van vroeger.

En hij zei tegen Kim dat er bij hem helemaal
geen Sina woonde.
Toen Sina terug was uit Londen, vertelde ze haar
vader van de brief.
Toen begreep hij het.

Sina had besloten naar het kamp te gaan.
Haar vriendin had gezegd: 'Natuurlijk vindt
Wout het leuk als je komt.
Hij heeft zijn klas over jou verteld.
Hij zal het fantastisch vinden als je meedoet.
Er zijn altijd mensen nodig om te helpen.
Misschien is hij niet meer verliefd op je.
Maar dat hoeft toch ook niet? Een kamp is zo
ook hartstikke tof. En wie weet wat er gebeurt als
jullie elkaar weer zien ...'

Maar toen was het te laat om terug te schrijven.
En Sina had geen telefoonnummer van Kim, of
Pieter, of Joost.
O, wat stom, denkt Kim.
Dat hebben we vergeten te schrijven in die brief.
'Toen ben ik hiernaartoe gegaan met de trein en
de bus', zegt Sina.

'Ik wist dat jullie vandaag aan zouden komen.
En ... dat is het verhaal.'

Kim haalt diep adem.
Nu moet zij haar plan vertellen.
'Werken jullie wel door?', vraagt Lea's moeder.
'Kom op, tomaten pellen, wortels klein snijden,
kaas raspen, sla wassen.
Niet alleen maar praten!'

Het plan van Kim

De eetgroep zit gezellig bij elkaar.
Laat de anderen maar mountainbiken en vlotten
bouwen.
Zij maken plannen voor vanavond. Spannende
plannen.
'We dekken de tafels alvast', zegt Sina.
'We maken alles klaar en dan gaan we in de
meisjestent zitten.
Daar kunnen we verder plannen maken. Daar
komt Wout niet.'

De mountainbikers komen doodmoe terug.
Het was erg zwaar, want de paden waren heel
modderig. Maar wel gaaf! De meisjes gaan even
op hun slaapzak liggen.
Daarna komen de vlottenbouwers terug. Ook zij
komen de tent in.
'We hebben iets te vertellen', zegt Kim. 'Er is
iemand bijgekomen.'

Als ze gaan eten, weet iedereen dat Sina er is.
Iedereen, behalve Wout.

En iedereen kent het plan van Kim. Een prachtig plan.
Onder het eten wordt er veel gefluisterd.
En gelachen.
Maar Wout heeft niets in de gaten, gelukkig.

Als het bijna donker is, zegt Wout: 'Jongens, luister.
Jullie krijgen een kaart, met een route.
Jullie moeten zoeken naar de schat. Die ligt bij het kruisje.
We gaan in groepjes van vier. Elk groepje heeft een zaklamp en een kompas.
Het eerste groepje vertrekt nu; en dan elk volgend groepje vijf minuten later.
Het gaat om de tijd. Het groepje dat het snelst bij de schat is, heeft gewonnen.
Maar let op: onderweg is gevaar!'

Lachend gaan de groepjes op weg, het donkere bos in.
Wout gaat als laatste weg. Hij gaat naar de plek van de schat toe.
Hij heeft een paar vuurpijlen bij zich.

Als een groepje te lang wegblijft, kan hij een vuurpijl afsteken.
Leerlingen die verdwaald zijn kunnen dan op die vuurpijl afgaan.
Ja, Wout heeft alles goed bedacht. Alles, behalve één ding.

In het bos is het pikdonker. Dat hadden ze niet verwacht.
Ze zien helemaal niets. De maan schijnt niet en er zijn geen sterren.
Dat komt natuurlijk doordat het bewolkt is.
In de stad zie je altijd nog wel iets, in zo'n donkere nacht.
Maar in het bos niet. Daar zijn geen straatlantaarns.

Eng

Het valt niet mee om de goede weg te vinden.
Alle bomen lijken op elkaar.
En er gebeuren ook rare dingen in het bos.
Soms zien ze iets wits tussen de bomen door
rennen. Of lijkt dat maar zo?
Dan denken ze weer een groot beest te zien.
Of misschien toch niet?
Ze horen ook vreemde geluiden. Zacht gehuil,
lijkt het.

Het groepje van Pieter is als eerste vertrokken.
Pieter kijkt met de zaklamp op het kompas.
'We moeten goed gaan', zegt hij. 'Het is die kant
op.'
Pieter praat heel zachtjes. Hij weet niet waarom.
Maar het is best een beetje eng in het donkere
bos.

Plotseling staan ze stil. Ze horen dat rare geluid
nu vlakbij.
'Wat doen we?', bibbert Jamilla. 'Gaan we kijken
of lopen we door?'

'We gaan kijken', fluistert Pieter. Hij loopt
voorzichtig verder.
Daar, achter die boom, daar komt het geluid
vandaan. Het lijkt wel alsof er een meisje
zachtjes zit te huilen.
'Het is een geest', griezelt Jamilla. 'Ik vind het
eng.'
'Geesten bestaan niet', zegt Pieter stoer.
'Ja, dat denk jij', mompelt Jamilla. 'Ik blijf hier.
Ga jij maar kijken.'

Pieter kijkt voorzichtig achter de boom. Hij ziet
niets.
Hij schijnt met de zaklamp naar beneden.
Nog steeds ziet hij niets.
Er liggen alleen maar bladeren.
Dan haalt hij diep adem en veegt de bladeren
met zijn handen weg.
En dan ... begint hij te lachen. 'Kom kijken naar
deze geest', zegt hij.
De anderen kijken ook. Daar ligt een oude
cassetterecorder.
'Die Wout', zegt Jamilla. 'Wacht maar. Hij zal
straks zelf schrikken.'

In het volgende groepje zit Joost. Joost voelt zich
niet prettig in het bos.
Hij rijdt liever op zijn scooter door de stad. Hij
vindt het bos te stil.
En hij denkt steeds iets te zien. Maar dan toch
weer niet.
Daar, tussen die bomen, staat daar niet een groot
beest?
Joost wijst. De anderen denken ook iets te zien.
Maar wat?
Er leven toch geen grote wilde beesten in
Nederland? Beren, nee toch?

Dan beweegt het grote beest. Ze gillen.
Joost laat van schrik de zaklamp vallen.
Als hij de zaklamp heeft opgeraapt, schijnt hij
richting het beest.
Er is niets te zien.

Een vuurpijl

De tocht door het bos lijkt de hele nacht te duren.
Toch zijn ze nog maar anderhalf uur op pad.
Maar Wout begint ongerust te worden.
Ze hadden allang bij de plaats van de schat
moeten zijn.
Hij begrijpt er niets van.
Als er nou één groepje niet zou zijn. Dat zou
kunnen.
Maar er is nog niemand.
En zo moeilijk is de tocht door het bos nou ook
weer niet.
Zal ik een vuurpijl afschieten?, denkt Wout.
Maar daar vindt hij het nog te vroeg voor.

Intussen staat het groepje van Kim doodstil.
Ze zien een witte vrouw tussen de bomen
zweven.
'Dat kan niet', fluistert Kim. 'Dit bestaat
helemaal niet.'
Toch zien ze het allemaal.
Langzaam zweeft de vrouw van boom naar
boom.

Ze heeft een lange witte jurk aan.
Haar hoofd zien ze niet goed. Haar voeten ook
niet. Dan, plotseling, is ze weg.

'We gaan kijken', besluit Kim.
Ze stapt dapper naar de plaats waar de vrouw
zweefde.
Ze schijnt met haar zaklamp op de grond.
De grond is modderig van de regen. Er staan
voetstappen in de modder.
Grote voetstappen, van laarzen.
Dan moet Kim lachen. Ineens begrijpt ze het.
'Dat was Lea's moeder', hikt ze. 'Die had vandaag
grote laarzen aan.'
De anderen schieten nu ook in de lach.
'Wout, we krijgen je wel', zegt Kim zachtjes.

Wout begint nu echt bang te worden. Wat kan er
gebeurd zijn?
Hij begint het ook koud te krijgen.
Straks worden de leerlingen ziek, denkt Wout.
Dan is het mijn schuld.
Hij pakt een vuurpijl uit de plastic zak en steekt
hem aan.

Sissend gaat de pijl omhoog. Er komt een grote
rode bal uit.
De bal geeft veel licht. Een spookachtig rood
licht. Wel mooi.
Het hele bos is nu verlicht, denkt Wout.
Hij kijkt om zich heen of hij al iemand ziet.
En ...

Wout denkt dat hij droomt. Daar tussen de
bomen staat Sina.
Ze ziet eruit als een fee. Ze heeft witte kleren
aan, die nu roze zijn verlicht.

Een sprookje

Langzaam loopt Sina naar Wout toe.
Die zet zijn bril even af en wrijft in zijn ogen.
Dit moet hij dromen. Hoe kan Sina nou hier
zijn?
Wout zet zijn bril weer op en kijkt nog eens.
Sina is er nog steeds. Ze is ook niet alleen.

Uit het bos komen de leerlingen van 3A
tevoorschijn.
Ze lopen allemaal langzaam, als in een film.
Het is een mooi gezicht met dat rode licht.
Het lijkt wel een sprookje.
Maar dan gaat de rode lichtbol uit. De vuurpijl
is op. Wout ziet steeds minder, en dan is het
helemaal donker.

Maar nu gaan de zaklampen aan. En de
leerlingen beginnen te praten.
'Dat had je niet verwacht hè, Wout.'
'Je dacht ons te laten schrikken, zeker?'
Maar Wout luistert niet naar de vrolijke
leerlingen.

Hij kijkt naar Sina, die nog steeds naar hem toeloopt.

Ze lacht naar hem. 'Mag ik meedoen met je survival?', vraagt ze.

Wout weet niet wat hij zeggen moet. Hij knikt alleen maar.

En dan komen er nog meer figuren uit het bos.

Lea's moeder met haar laarzen en witte jurk.

De gymleraar in een berenpak.

Jamilla's vader met een cassetterecorder.

Ze moeten er allemaal om lachen.

'En waar is die schat nou?', vraagt Lea.

'Die staat vlak voor me', antwoordt Wout ernstig.

Sina lacht. 'Het was het idee van je klas', zegt ze.

'Ja', zegt Pieter. 'Jij hebt dit schooljaar voor ons zo leuk gemaakt, Wout.

We wilden iets leuks terugdoen. Toen hebben we Sina bedacht.'

'Ik weet niet wat ik moet zeggen', zegt Wout.

'Maar waar is die schat nou?', vraagt Lea nog een keer.

'Ga maar graven', zegt Wout. 'Schatten liggen altijd begraven.'

Ze kijken zoekend rond. Graven? Waar dan?

'Daar staan scheppen!', roept Joost.

'En hier staat een kruis op de grond', zegt Kim.

Ze moet erom lachen.

Twee witte takken liggen als een kruis op de grond.

Al snel zijn ze aan het graven.

Het einde van de reis

Het is vol op het schoolplein. Maar niet met leerlingen.
Er staan alleen maar ouders. Ouders van de leerlingen uit 3A.
Ze staan te wachten op hun kinderen.
Die komen vandaag terug van hun survival.

De oma van Robin staat ook te wachten.
Zij is met de ouders van Jamilla meegekomen, met de auto.
Jamilla's moeder vond het fijn om voor Robins oma te zorgen. Ze zei: 'Mijn eigen moeder woont zo ver weg. Met Robins oma heb ik een moeder in Nederland.'
Robins oma is ook heel blij met Jamilla's moeder.
Jamilla's moeder kwam elke dag een praatje maken en eten brengen.
Robins oma had nog nooit Marokkaans eten geproefd.
Maar ze vindt het heerlijk.
'Ik kom u ook eten brengen als Robin weer terug is', zegt Jamilla's moeder.

'Dat is voor Robin ook makkelijk.'
Robins oma lacht naar haar. Ze knikt: 'Fijn.'

Daar komt de bus.
'Ze zullen toch niet onder de banken zijn gaan
zitten?', zegt Kims moeder.
De andere ouders moeten lachen. Nee, daar zijn
ze te groot voor.
Dat deden ze een paar jaar geleden nog wel.
Maar nu niet meer.
De bus stopt voor het schoolplein.
Er stappen geen leerlingen uit. Er is ook
niemand te zien achter de ramen.
Hè? De ouders kijken elkaar aan.
'Surprise!' Daar springt 3A tevoorschijn.
Gillend van het lachen rollen ze de bus uit.
'Je had jullie gezichten moeten zien!', roept Kim.
Kims moeder schudt lachend haar hoofd.

De directeur is er ook. 'En, heeft meneer Van
Duin het overleefd?'
Ze kijken hem allemaal vrolijk aan en wijzen.
Daar komt de auto van Wout aan. Sina zit achter
het stuur.

Ze steekt haar hoofd uit het raampje.

'Mijn man was te moe om te rijden', zegt ze.

'Hij slaapt.'

Het is waar. Wout ligt op de achterbank te slapen.

'En', zegt Kim tegen Pieter. 'Had ik gelijk of niet?'

Pieter kijkt haar verbaasd aan. 'Waarmee?', vraagt hij.

'Nou, dat mannen leuke schoolreisjes bedenken', zegt Kim lachend.

REALITY REEKS:

Herkenbare, spannende verhalen voor jongeren

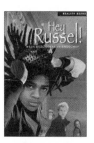

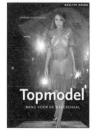